油揚げ、豆腐、こんにゃく

有元葉子

家の光協会

はじめに

日本のソウルフード
豆腐、油揚げ、こんにゃく

大豆をもととした豆腐や油揚げ、こんにゃく芋からできるこんにゃく、当たり前のように身近にある食材ですが、こんなにありがたいものはないと思います。イタリアでいえばチーズやサラミのような存在です。

ビーガンの食生活を実践している友人に、日本の豆腐や油揚げがとってもうらやましい！ と言われ、あまりにも身近で気づかなかった豆腐やこんにゃくのよさがあらためてわかりました。日本から大豆とにがりを持っていき、イタリアで豆腐を作って友人に本物を食べてもらったこともあります。

地方によっても豆腐や油揚げ、こんにゃくは、かたさも大きさも味も異なり、それぞれのよさを味わうことができるのも、本当はとっても贅沢なことです。豆腐はよい水に恵まれているからこそできるもの、こんにゃくは先人の深い知恵があって初めて味わえるもの、まさに日本人のソウルフードです。

豆腐、油揚げを買ってきてそのままいただける簡便さはほかに類を見ないものですし、その上、すごくおいしい、本当に素晴らしい食材です。いろいろな料理に展開していける懐の深さ広さも並外れています。昨日はみそ汁の実になり、今日は炒めもの、と同じ食材なのに毎日食べても飽きないものです。

本書では、わが家でよく食卓に登場する料理をとり上げましたが、皆さまには皆さまのおうちの豆腐料理やこんにゃく料理があるでしょう。おいしさと健康のためになくてはならない豆腐や油揚げ、こんにゃくを楽しみましょう。

この本では、私の好みで、甘味をつけるときにメープルシロップをよく使います。料理に使うメープルシロップは「ゴールデン」タイプに限ります。ほかのタイプは適さないのでご注意ください。お好みで、みりん、砂糖で代用してください。みりんはメープルシロップのほぼ倍量、砂糖は約2/3量が目安です。

有元葉子

目次

豆腐

こんにゃく しらたき

[本書の使い方]
＊計量単位は、1カップ＝200mℓ、大さじ1＝15mℓ、小さじ1＝5mℓ、1合＝180mℓです。
＊ガスコンロの火加減は、特にことわりのない場合は中火です。
＊特にことわりがない場合、塩は精製されていないものを使います。
＊揚げ油はオリーブオイルまたは太白ごま油を使います。

油揚げ

厚揚げ、がんもどき

ていねいに心を込めて下ごしらえをしてみてください

油揚げさえあれば主菜も副菜もすぐにできる、私たちの台所に欠かすことのできない食材です。完全に火が通っていますから、こんなに便利でおいしいものは、ほかにはないですね。その上、原材料は大豆、日本人に欠かすことのできないタンパク源です。

冷蔵庫に常備してあれば、あとは特別なものがなくともおいしくごはんが食べられる、おいしくて、安価で、栄養たっぷり、食べやすい、と超がつくほど便利でありがたい食材です。

油揚げはねぎと相性が抜群。私がよく食べるのは料理とは言えないくらい簡単な、油揚げのしょうゆあえご飯。刻んで、ねぎと一緒にご飯にのせるだけ、です。家のごはんはこんなものが食べられるからいいなと思える一品です。

簡単、簡単と言いましたが別の顔も持つ、されど油揚げ、なんです。ひと手間かけて、きちんと油抜きをしてからみそ汁に入れたり、薄味で炊いたり、濃いめの味つけでおいなりさん用に炊くと、そんじょそこらの料理屋さんよりずっとおいしいおみそ汁やおいなりさんをわが家で作ることができます。いくらでも簡単に手に入るものですが、ていねいに心を込めて下ごしらえをしてみてください。今までと違う油揚げの魅力を発見できることでしょう。

一方、炒めものにも大変便利、お肉なしの炒めご飯や野菜炒めもおいしいです。油揚げの持つうまみが料理を引き立てます。

簡単なおかずから料亭にも勝る高級な料理まで、懐の深いいろいろな顔を持つ油揚げの多彩な魅力を普段のおかず作りにとり入れてみましょう。

油揚げ、厚揚げ、がんもどき

いずれも豆腐の加工品。油揚げは薄揚げ、いなり揚げともいい、豆腐を少しかためにきめ細かく作り、薄く切ってしっかりと水きりし、油で揚げたもの。厚揚げは豆腐を厚めに切ってしっかりと水きりし、油で揚げたもの。表面は揚げてあるが中はまだ生の豆腐に近いことから、生揚げともいいます。どちらも大きさは製造元や地方によって違い、長方形、正方形、三角形などがあります。がんもどきは、しっかりと水きりした豆腐を主に、平たい円形、球形などにして油で揚げたもの。味を雁《がん》の肉に似せて作ったところからこの名がついたとされています。いずれも、良質の材料と揚げ油で作ったものを買い求めることが最初の一歩です。

油揚げ、厚揚げの下ごしらえ

油揚げの油抜き

鍋に湯を沸かし、油揚げを入れて箸で沈ませながら6〜7秒ほどゆがき、ゆで汁をきって、角ザルにのせ、水気をきります。湯を回しかけるだけではきちんと油抜きができないので、熱湯でゆがく方法がおすすめです。良質の材料と揚げ油で作った油揚げは、炒める・焼く料理の際には油抜きせずに使います。

厚揚げの油抜き

鍋に湯を沸かし、厚揚げを入れて10秒ほどゆがき、トングなどではさんでゆで汁をきり、角ザルにのせて水気をきります。湯を回しかけるだけではきちんと油抜きができないので、熱湯でゆがく方法がおすすめ。表面がさっぱりして、味のしみ込みがよくなります。がんもどきも同じ。油揚げと同様、良質の材料と揚げ油で作った厚揚げ、がんもどきは、炒める・焼く料理の際には油抜きせずに使います。

厚揚げの中と表面を分けて使うときは

厚揚げの表面を薄くそぎ、中の白い部分ときつね色の部分に分けます。白い部分は水きり豆腐として使うことができるので、白あえ衣や炒めものに。きつね色の部分は油揚げと同じように、白あえの具、みそ汁の具などに使います。

油揚げを1枚に開くときは

油揚げの三方の端を切り落とし、破らないように注意して1枚に開きます。これを細切りにするとふんわりとやさしい食感になるので、組み合わせる素材や仕上げたい料理のイメージで、いつもの細切りと使い分けるとよいでしょう。切り落とした端の部分も細切りにして使います。

油揚げの切り方いろいろ

大きめの三角形
甘辛しょうゆ味で煮て、きつねうどんなどに。

短冊切り
細く切った野菜やふきなどの細い野菜と合わせて煮ものに。

細切り
みそ汁の具、うどんやそば、和えもの、サラダなどに。

薄い細切り
炊き込みご飯、ふんわりとした食感に仕上げたいときに。

大きめの長方形
大きめに切った根菜と一緒に煮ものなどに。

色紙切り
キャベツなど大きめに切った葉野菜などと合わせて炒めものに。

あられ切り
ご飯となじませて仕上げたいチャーハンの具などに。

みじん切り
そうめんに。ほかの薬味と一緒につゆに入れて使います。

油揚げを煮ておく 短冊切り

油抜きをして水気をきった油揚げ2枚を短冊切りにして鍋に入れます。酒大さじ3を入れて火にかけ、煮立ってきたらみりん大さじ3〜4を加えてアルコール分を飛ばし、しょうゆ大さじ2、だし汁大さじ4を加えてあまりいじらずにコトコトと煮ます。汁気が少し残っているくらいで火を止め、そのまま味を含ませます。お弁当、卵とじなどに使えて便利。

ふたつき容器に入れてご飯の供に。

油揚げを煮ておく

切らずにそのまま

油抜きをして水気をきった油揚げ4枚を鍋に入れ、だし汁1カップ、メープルシロップ大さじ2または砂糖15g、しょうゆ大さじ2～3、塩少々を加え、オーブンシートをかませて落としぶたをしてコトコトと煮ます。汁気がほんの少し残っているくらいで火を止め、そのまま味を含ませます。大きめに切ってうどんやそばのトッピングにするなど、好きな大きさに切って使います。

三方の端を切り落として1枚に開くと、信田巻き（17ページ参照）に使える。

油揚げを煮ておく

いなりずし用

油揚げを袋状にする

油揚げ10〜12枚は熱湯でゆがいて油抜きをし、両手ではさんで水気をしっかりと絞り、上から箸を転がして開きやすいようにし、半分に切って袋状に開きます。

いなりずしにしないとき、たとえば餅や野菜などを詰めて焼いたり煮たりするときは、袋の縁を外側に折って詰めたり、袋を裏返しにして使っても。

油揚げを煮る

鍋の真ん中を空けて油揚げをドーナツ状に並べ（銅鍋でない場合は竹の皮を敷いても）、だし汁2カップ、メープルシロップ70㎖または砂糖50g、しょうゆ70㎖、塩小さじ1/3を加え、落としぶたをして弱火で煮ます。味の加減は好みで変えてよいので、味をみながら調味料を加えるとよいでしょう。ときどき真ん中の穴から煮汁をすくって全体に回しかけたり、落としぶたで押さえて汁気をよく吸わせます。真ん中で汁の量をチェックし、汁気がほんの少し残っている程度まで煮て、火を止めてそのまま冷まします。

いなりずし

作り方は16ページ

信田巻き

作り方は17ページ

いなりずし

油揚げにゆっくりと煮汁をしみ込ませるのが、おいしさのポイント。
すしめしはあらかじめ俵形にまとめておくと、
手早くきれいに詰めることができます。
夏はしょうがのあられ切り、冬はゆずの皮の細切りを混ぜても。

[材料]作りやすい分量
油揚げの甘辛煮（いなりずし用に煮たもの。12ページ参照） 10～12枚分
すしめし
米 3合
合わせ酢
米酢 70㎖
砂糖大さじ1½～2 または
メープルシロップ
大さじ2～2½
塩 小さじ1

白炒りごま 適量
新しょうがの甘酢漬け* 適量
炒り山椒*または実山椒の佃煮 適量

*新しょうがの甘酢漬け……新しょうがをごく薄切りにし、熱湯に15秒ほど通し、水気をきって甘酢に漬け、30分以上おく。甘酢は、米酢1カップ、砂糖大さじ4～5、塩小さじ2～3を鍋に入れてひと煮立ちさせたもの。

*炒り山椒……実山椒大さじ3は塩少々（分量外）を入れた熱湯でゆでる。水にさらしてザルに上げ、水気をきる。鍋に入れ、酒大さじ1、塩小さじ½を加えて炒る。多めに作りおくとよい。

1 すしめしを作る。米は洗ってかために炊く。酢、砂糖、塩を混ぜ合わせて合わせ酢を作る。

2 ご飯が炊き上がったら盤台に移し、合わせ酢を大さじ2くらい残して回しかけ、切るように混ぜて粗熱をとる。

3 2にごまを加えて混ぜ、一つ45g程度の俵形にまとめる。まとめるときに残しておいた合わせ酢を手水にする。

4 油揚げの甘辛煮は汁気をきり、縁を外側に折る。

5 4の油揚げにすしめしを入れ、隅まできちんと詰め、油揚げの縁を元に戻して折りたたむ。

6 器に盛り、新しょうがの甘酢漬けと炒り山椒を合わせて添える。小松菜のおかかじょうゆ（材料外。17ページ参照）をつけ合わせる。

信田巻き

ほんのり甘く煮た油揚げですしめしを巻いた、食べやすいサイズのおすし。油揚げは切らずにそのまま煮含め、1枚に開いて使います。巻きすを使ってしっかりと巻くのがコツ。ここでは箱に詰めてお弁当仕立てに。

[材料]作りやすい分量

油揚げの甘辛煮(切らずに煮たもの。11ページ参照) 2枚分

すしめし(16ページ参照) 140g

三つ葉 8本

小松菜のおかかじょうゆ

- 小松菜 1/2束
- 削り節 1パック
- しょうゆ 少々

はじかみしょうが* 適量

*はじかみしょうが……谷中しょうが小20本を熱湯にさっとくぐらせて水気を拭きとり、ガラス瓶などに入れて赤梅酢をかぶるくらいまで加える。色が染まったら食べ頃。

1 油揚げの甘辛煮の汁気をきり、三方の端を切り落として1枚に開く(8ページ参照)。切り落とした分は卵とじなどに(20ページ参照)。

2 三つ葉はさっとゆでる。

3 巻きすの上に**1**を1枚置き、すしめし70gを手前1/4に収まるようにのせて手で整える。巻きすを使って手前から巻き込み、左右にはみ出したすしめしを指で押し込んで整える。

4 巻きすをはずし、4等分に切り分けることを想定し、4カ所に三つ葉を結ぶ。三つ葉がそれぞれ真ん中にくるように4等分に切り分ける。同様にしてもう一つ作る。

5 小松菜のおかかじょうゆを作る。小松菜はゆでてザルに上げ、水気を絞り、食べやすい長さに切る。削り節にしょうゆをたらして湿らせ、小松菜に添える。

6 **4**をお弁当箱や器に盛り、はじかみしょうがを添える。**5**の小松菜のおかかじょうゆをつけ合わせる。

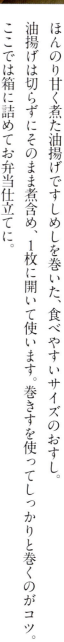

きつねご飯弁当

刻んで甘辛く煮た油揚げは、常備菜にもなる一品。
ここでは、ご飯、油揚げ、のりを重ねて、段々弁当に。
青菜の料理と漬けものを添えれば、これだけで満足感が得られます。

［材料］1人分
きつねご飯
　油揚げの甘辛煮（切って煮たもの。10ページ参照）　適量
　ご飯　適量
焼きのり　½枚
ほうれん草のおかかじょうゆ
　ほうれん草　2〜3本
　削り節　½パック
　しょうゆ　少々
ぬか漬け（きゅうり、みょうがなど好みのもの）　適量
新しょうがの甘酢漬け（16ページ参照）　適量

1　ほうれん草のおかかじょうゆを作る。ほうれん草はゆでてザルに上げ、水気を絞り、食べやすい長さに切る。削り節にしょうゆをたらして湿らせる。

2　お弁当箱の半分の高さまでご飯を詰め、のりの半量をちぎってのせ、油揚げの甘辛煮の半量をのせる。その上にさらにご飯を詰め、同様に残りののり、油揚げの甘辛煮をのせて、2段にする。

3　1のほうれん草をお弁当箱に詰め、しょうゆで湿らせた削り節を添える。食べやすい大きさに切ったぬか漬け、汁気をきった新しょうがの甘酢漬けを詰める。

甘辛油揚げの卵とじ

しょうゆがしみた油揚げと卵のとり合わせは、ご飯のおかずにぴったり。

卵が半熟のうちに火を止めると、器に盛っている間に余熱でちょうどいい感じに火が通ります。

［材料］1人分
油揚げの甘辛煮（17ページの信田巻きで使った残り、または10ページの切って煮たもの）　適量
卵　1〜2個
だし汁　適量
酒　少々
あさつき　1〜2本

1　小さいフライパンにだし汁と酒を入れて火にかけ、煮立ったら油揚げを入れて温める。
2　卵をボウルに割りほぐし、1に回し入れ、半熟程度に火が通ったら火を止める。
3　器に盛り、小口切りにしたあさつきをのせる。

焼き油揚げ

おいしい油揚げは、ただ網で焼くだけで食指が動きます。熱々のところを包丁でざくざくと切って、さらしねぎやおろししょうがをのせて、酒の肴に。

［材料］作りやすい分量
油揚げ　2枚
長ねぎ　1/4本
しょうが　1片
しょうゆ　適量

1　長ねぎは小口切りにし、氷水にさらしてシャキッとさせて、水気をきる。しょうがは皮をむいてすりおろす。
2　焼き網を熱し、油揚げをのせて中火弱で両面をこんがりと焼く。
3　食べやすい大きさに切って、1枚分ずつ器に盛り、一つには長ねぎ、一つにはしょうがをのせる。熱いうちに、しょうゆをかけていただく。

焼き油揚げとひじき煮

カリッと焼いた油揚げ、ほどよいやわらかさのひじき煮は、いつ食べても飽きない組み合わせ。焼きたて熱々油揚げに、作っておいたひじきを合わせます。香りよい炒りごまがきいています。

[材料]2〜3人分
油揚げ　2枚
ひじき煮（作りやすい分量）
長ひじき（乾燥）　30g
太白ごま油　大さじ2
酒　大さじ3
みりん　大さじ2
しょうゆ　大さじ2½
白ごま　適量

1 ひじき煮を作る。ひじきはたっぷりの水につけ、歯応えが少し残る程度にもどし、洗ってザルに上げて水気をきる。食べやすい長さに切る。

2 鍋にごま油を熱してひじきを炒め、酒、みりんを加えてしばらく煮て、しょうゆを加えて汁気がなくなるまでさらに煮る。最後にしょうゆ（材料外）でやや濃いめに味を調える。すぐにバットなどに広げて冷まし、余熱で火が入りすぎないようにする。

3 油揚げは熱した焼き網にのせ、両面をこんがりと焼き、7〜8㎜幅に切る。ごまは香りよく炒る。

4 2のひじき適量をバットに広げ、3の油揚げをのせ、全体にごまをふる。そのまますくうようにして、ひじきと油揚げが交互に重なるように器に盛る。

油揚げと大根葉のしょうゆ炒め

油揚げは焼き色がつくくらいまでしっかりと焼きつけ、しょうゆ味をつけておくのがポイント。この油揚げの香ばしさとうまみで、大根葉がおいしくなります。小松菜やクレソンなどの青菜で作っても。

［材料］作りやすい分量
油揚げ　1枚
大根葉　1本分
太白ごま油　少々
酒　大さじ2
しょうゆ　大さじ1〜1⅓

1　油揚げは食べやすい大きさの色紙切りにする。大根葉は食べやすい長さに切る。
2　鍋にごま油を熱して油揚げを入れ、焼きつけるようにして炒める。
3　油揚げが香ばしくなったら、しょうゆ大さじ½を加え、味をなじませる。
4　強火にして大根葉を加え、酒をふって手早く炒め合わせ、大根葉に火が通ったらしょうゆ少々を加え、全体に味をからめる。

油揚げとキャベツ炒め

キャベツに味をつけようとすると時間がかかってしんなりしてしまうので、まずは油揚げだけを炒めて、しょうゆと豆板醤で味つけ。そこにキャベツを入れて混ぜると、味がちゃんとからみます。

[材料]作りやすい分量
油揚げ　2枚
キャベツ　大4枚
にんにく　2片
太白ごま油　大さじ2〜3
しょうゆ　大さじ2〜3
豆板醤　大さじ1

1　キャベツはざく切りにし、氷水に放してシャキッとさせ、水気をざっときる。にんにくは皮をむいて包丁の腹で押しつぶす。油揚げは色紙切りにする。

2　中華鍋にごま油大さじ2、にんにくを入れて弱火にかけ、にんにくの香りが立つまで熱する。

3　中火にして油揚げを入れ、香ばしくなるまでよく焼きつけ、しょうゆを加えて味をからめ、豆板醤を加えて辛みを出す。

4　ごま油を足して強火にし、キャベツを加え、大きく混ぜながら炒め合わせる。

炒めなます

油揚げや乾物を炒めてから甘酸っぱく味つけをすると、満足感のあるおかずになります。常備菜やお弁当のおかずとして、作りおいてもいいですね。

［材料］作りやすい分量
油揚げ　1枚
干ししいたけ　3枚
切り干し大根（干しにんじん入り）　50g
こんにゃく　1/5枚
太白ごま油　大さじ2
米酢　大さじ3
メープルシロップ　大さじ1強
しょうゆ　大さじ2〜3

1　干ししいたけは水につけてもどし、軸を除いて薄切りにする。
2　切り干し大根と干しにんじんは洗って、水につけてもどす。水気をしっかりと絞り、食べやすい長さに切る。
3　油揚げは縦半分に切って細切りにする。こんにゃくは下ゆでし（80ページ参照）、薄い短冊切りにする。
4　鍋にごま油を熱してこんにゃくを炒め、干ししいたけ、油揚げを加えてさらに炒め、切り干し大根と干しにんじんを加えて炒め合わせる。
5　酢、メープルシロップ、しょうゆ大さじ1を加え、混ぜながら煮る。味をみて、しょうゆ大さじ1〜2を加えて味を調え、汁気がなくなるまで煮る。

ふきと油揚げの炒め煮

ふき独特の食感を生かして上手に仕上げるポイントは、強火で手早く炒めること。油揚げが入るとコクが出るので、最後に酒としょうゆで味をからめるだけで十分おいしくいただけます。

［材料］4人分
ふき　1束（4〜5本）
油揚げ　1枚
太白ごま油　大さじ1
酒　大さじ3
しょうゆ　大さじ2〜3

1　ふきは鍋に入る大きさに切り、多めの塩（材料外）をふって板ずりにする。鍋に湯を沸かしてふきを入れ、歯応えが残るようにゆで、すぐに冷水にとる。両端から皮をむき、食べやすい長さに切る。バットなどに立て、水気をきっておく。

2　油揚げは油抜きをして水気をきり、三方の端を切り落として1枚に開く（8ページ参照）。半分に切って重ね、1cm幅に切る。切り落とした部分も同じくらいの大きさに切る。

3　鍋を熱してごま油を入れ、油揚げを強火でよく炒め、ふきを加えて手早く炒め合わせる。

4　酒を加え、煮立ったらしょうゆを入れ、鍋を返して調味料を全体に行き渡らせる。火が通りすぎないように、すぐにバットにあける。

里芋と油揚げの煮もの

里芋のぬめりをとらず、そのまま使って仕上げると、ほっくりとした味わいが楽しめます。油揚げは少し大きめの短冊切りにして、煮汁を含んだおいしさを味わいます。

[材料]作りやすい分量
里芋　5〜6個
油揚げ　1枚
だし汁　適量
酒　大さじ2
みりん　大さじ1
しょうゆ、塩　各少々

1　里芋は皮をたわしで洗って泥を落とし、ペーパータオルで水気をふきとる。根に近いほうを少し切り落とし、下から上へと縦に皮をむく。これを繰り返す。

2　油揚げは油抜きをして水気をきり(8ページ参照)、縦半分に切って1.5cm幅に切る。

3　鍋に里芋と油揚げを入れ、だし汁をかぶるくらい注ぎ、酒、みりんを入れる。しょうゆを少し色づく程度に加え、塩を加えて薄く味をつける。火にかけ、煮立ったら弱火にしてふたをし、里芋がやわらかくなるまで煮る。

袋煮

よくある袋煮は油揚げを半分に切って使いますが、
ここで紹介するのは、油揚げ1枚で1個。
具はしらたきと野菜、コクを出すためのひき肉。
油揚げ好きのための油揚げ料理です。
一度冷ましてから再び温めると、
より味がしみ込んでおいしくなります。

[材料]5個分
油揚げ　5枚
かんぴょう　適量
具
しらたき　1袋
鶏ひき肉　100g
にんじん　1/2本
れんこん　5cm
だし汁　約3カップ
酒　1/4カップ
しょうゆ　大さじ2〜3
みりん　大さじ3または
メープルシロップ 大さじ2
練り辛子　適量

1　油揚げは上から箸を転がして開きやすくし、油抜きをして水気をきる(8ページ参照)。短い辺一辺を包丁で切り落とし、縦長の袋状にする。切り落とした部分は細く切る。
2　かんぴょうは水につけてもどし、塩少々(材料外)をふり、手でもんで洗い、水気を絞る。
3　しらたきは下ゆでし(80ページ参照)、食べやすい長さに切る。にんじんは薄い半月切りにし、れんこんは薄いいちょう切りにする。
4　バットにしらたきを入れて広げ、ひき肉を散らしてのせ、細く切った油揚げ、にんじん、れんこんも散らしてのせる。
5　4を5等分にし、袋状にした油揚げに詰め、口をかんぴょうで縛る。
6　鍋に5を並べ入れ、だし汁をひたひたに注ぎ、酒、しょうゆ、みりんを加える。火にかけ、煮立ったら弱火にし、落としぶたをして煮汁が半量くらいになるまでコトコトと煮て味を含ませる。途中で、しょうゆ、みりん(各材料外)で味を調える。器に盛り、練り辛子を添える。

根菜と油揚げの炊き込みご飯

いろいろな素材のうまみを米が吸っておいしくなる、それが炊き込みご飯の醍醐味。ここでは、根菜と油揚げ、昆布で、滋味のあるご飯を作ります。冷めてもおいしいので、お弁当や持ち寄りなどにも。

[材料] 作りやすい分量

- 米　3合
- 昆布　15cmくらい
- 煮干し　10尾
- 油揚げ　1枚
- ごぼう　細いもの1本
- にんじん　4～5cm
- 生しいたけ　4～5枚
- しょうゆ　大さじ1
- 酒　大さじ2
- 塩　小さじ1～1½

1　米はといでザルに上げる。煮干しは頭とはらわた、背骨をとり、二枚にはがし、身だけにする。

2　油揚げは油抜きをして水気をきり、四方の端を切り落としてはがし、半分に切って重ね、ごく細く切る。切り落とした部分も細切りにする。

3　ごぼうは洗ってささがきにし、酢水（材料外）につけ、水気をよくきる。にんじんはごぼうより少し大きめのささがきにする。しいたけは石づきをとって四つ割りにする。

4　炊飯器に米を入れ、3合の目盛りまで水を加え、しょうゆ、酒、塩、煮干しを加えて混ぜる。ここで味をみて、好みの味に調える。昆布、ごぼう、にんじん、しいたけを入れ、油揚げをのせて炊く。

5　炊き上がったら昆布をとり出してさっくりと混ぜ、昆布を細切りにしてご飯に戻して混ぜる。炊飯器の中では混ぜにくい場合は、大きなボウルなどに移して混ぜるとよい。

油揚げと長ねぎのチャーハン

作り方は38ページ

油揚げともやしのチャーハン

作り方は39ページ

油揚げと長ねぎのチャーハン

タンパク質が豊富な油揚げが主役。香りのよい長ねぎとにんにくを合わせるだけで、おいしいチャーハンになります。油揚げを先に焼きつけてしょうゆで味をつけておくことと、最後にしょうゆを鍋肌から加えて香ばしく仕上げるのがポイントです。

[材料]2〜3人分
油揚げ　2枚
長ねぎ　1本
にんにく　1片
太白ごま油　適量
しょうゆ　適量
ご飯(温かいもの)　茶碗3杯分

1　油揚げはあられ切りにする。長ねぎは縦四つ割りにして7〜8㎜幅、にんにくはみじん切りにする。

2　中華鍋にごま油大さじ1を熱して油揚げを入れ、焼き色がついてカリッとするまで焼く。しょうゆ大さじ1を鍋肌から入れて混ぜ、油揚げに香りと味を移し、いったんとり出す。

3　2の中華鍋にごま油大さじ2〜3とにんにくを入れ、にんにくがきつね色になって香ばしくなるまで弱火でじっくりと炒める。

4　3にご飯を加え、焼きつけるようにしながら炒め合わせる。

5　鍋肌からしょうゆ大さじ1をたらし、しょうゆがジュッと熱されて香ばしくなったら、長ねぎを加えて炒め合わせる。

6　2の油揚げを戻し入れて混ぜ、仕上げに鍋肌からしょうゆ少々をたらして香りを立たせてから、全体を混ぜて仕上げる。

油揚げともやしのチャーハン

東南アジア旅の思い出の味ですが、いつの間にかわが家の定番に。
もやしのシャキシャキ感を残して仕上げたいので、
火の通しすぎに注意。もやしは細めの豆もやしがおすすめです。

［材料］2〜3人分
油揚げ　2枚
豆もやし（細いもの）　2袋
にんにく　1片
太白ごま油　大さじ3
しょうゆ　適量
ご飯（温かいもの）　茶碗3杯分
塩、粗びき黒こしょう　各適量

1　油揚げはあられ切りにする。豆もやしはひげ根をとり、氷水に放してシャキッとさせ、ザルに上げて水気をしっかりときる。にんにくはみじん切りにする。

2　中華鍋にごま油大さじ1を熱して油揚げを入れ、焼き色がついてカリッとするまで焼き、いったんとり出す。

3　2の中華鍋にごま油大さじ2とにんにくを入れて弱火でじっくりと炒め、にんにくがきつね色になったらご飯を加え、焼きつけるようにしながら炒める。鍋肌からしょうゆをたらして香りをつける。

4　油揚げを戻し、ざっと混ぜ、もやしを入れたら全体を合わせてすぐに火を止める。好みで塩と黒こしょうをふる。

油揚げのしょうゆあえご飯

大事なのは、良質の材料と揚げ油で作った、安心でおいしい油揚げを買うこと、ただ一つ。
よい油揚げはそのまま食べてもうまみと香りがあり、油っぽくなく、
ただ刻んで長ねぎとしょうゆであえるだけで、ご飯のおかずになります。

[材料] 1人分
油揚げ　1枚
長ねぎ　7〜8cm
しょうゆ　適量
ご飯　適量

1　油揚げはあられ切りにする。長ねぎは5㎜四方に切る。
2　ボウルに長ねぎと油揚げを入れ、しょうゆを加えてあえる。
3　器にご飯を盛り、2をのせる。

刻みうどん

油揚げとうどんの組み合わせを楽しむシンプルレシピ。
おつゆはごく薄めの味つけにし、おつゆとのバランスを考えて
油揚げは開いて細切りにしたものを用いると、やさしい口当たりになります。

［材料］2人分
油揚げ　2枚
だし汁　適量
塩、しょうゆ　各少々
うどん（冷凍またはゆでたもの）　2玉
長ねぎ　1/3本
七味唐辛子　適量

1　油揚げは油抜きをして水気をきり、三方の端を切り落として1枚に開く（8ページ参照）。半分に切って重ね、細切りにする。切り落とした部分も同じくらいの大きさに切る。

2　長ねぎは縦に切り目を入れて芯の部分を除き、せん切りにする。氷水に放してシャキッとさせ、水気をとる。

3　鍋にだし汁を入れて温め、塩としょうゆでごく薄めに味を調え、**1**の油揚げを入れて火を通す。

4　うどんを熱湯でさっと温め、ゆで汁をきって**3**に加え、温める。

5　器に盛ってつゆを張り、長ねぎをのせて七味唐辛子をふる。

わが家のそうめん

子どもの頃から、そうめんといえば薬味たっぷりのこのスタイル。父が好きだったのか、刻んだ油揚げも必ず食卓に並べられました。油揚げが加わるだけで味のバランスがよくなり、満足感が増します。

［材料］2〜3人分
そうめん　3束
油揚げ　1枚
みょうが　2個
あさつき　3〜4本
青じそ　5〜6枚
しょうが　1片
めんつゆ＊　適量

＊めんつゆ……鍋に酒1/5カップ、みりん1/3カップを入れて火にかけて煮きり、しょうゆ1/2カップを加えてひと煮立ちさせ、だし汁2カップを加えて再びひと煮立ちさせて火を止める。冷めてから保存瓶などに入れて冷蔵庫へ。

1　油揚げはみじん切りにする。みょうがとあさつきは小口切りにし、青じそはせん切りにし、それぞれ氷水に放してシャキッとさせ、水気をきる。しょうがはすりおろす。

2　そうめんはたっぷりの熱湯でゆでてザルに上げ、流水でよくもみ洗いし、水気をきる。

3　2のそうめんを氷とともに器に盛り、1とめんつゆを添える。各自のお碗にめんつゆを入れ、そうめんと油揚げ、薬味を入れていただく。

油揚げのみそ汁

みそ汁は具のバランスが大事です。やわらかく煮える白菜の細切りには、1枚に開いて細切りにした油揚げ、大根のせん切りには、同じくらいの大きさに切った油揚げ、里芋などのごろっとした具には、幅広の油揚げを。グラグラと煮るとみその香りが飛ぶので、みそを溶き入れたらすぐに火を止めること。好みで七味唐辛子をふっていただきます。

白菜と油揚げ

［材料］作りやすい分量
白菜　大2〜3枚
油揚げ　1枚
だし汁　4カップ
みそ　大さじ3

1　白菜は芯と葉に切り分けて細切りにする。油揚げは油抜きをして水気をきり、三方の端を切り落として1枚に開く（8ページ参照）。半分に切って重ね、縦半分に切って細切りにする。切り落とした部分も細く切る。
2　鍋にだし汁を入れて火にかけ、だし汁が温まったら白菜の芯の部分と油揚げを入れ、少ししたら葉の部分を入れ、さっと煮る。
3　みそを溶き入れてすぐに火を止める。

大根と油揚げ

［材料］作りやすい分量
大根　15cm
油揚げ　1枚
だし汁　4カップ
みそ　大さじ3

1　大根はごく薄い輪切りにしてから、せん切りにする。油揚げは油抜きをして水気をきり、三方の端を切り落として1枚に開く（8ページ参照）。半分に切って重ね、縦半分に切って大根と同じくらいの細さに切る。切り落とした部分も細く切る。
2　鍋にだし汁を入れて火にかけ、だし汁が温まったら大根と油揚げを入れ、さっと煮る。
3　みそを溶き入れて火を止める。

里芋としいたけ、油揚げ

［材料］作りやすい分量
里芋　5〜6個
生しいたけ　2〜3枚
油揚げ　1枚
だし汁　4カップ
みそ　大さじ3

1　里芋は皮を洗って泥を落とし、水気を拭いて皮を乾かす。皮をむき、1cm厚さに切る。しいたけは石づきをとって食べやすい大きさに切る。油揚げは油抜きをして水気をきり（8ページ参照）、縦半分に切って1cm幅に切る。
2　鍋にだし汁を入れ、里芋、しいたけ、油揚げを加えて火にかけ、里芋がやわらかくなるまで煮る。
3　みそを溶き入れて火を止める。

厚揚げで作る白あえ

木綿豆腐の厚揚げで作るあえ衣はコクがあるので、大きめに切った具材によく合います。表面のきつね色の部分は具にし、残りの白い豆腐の部分はあえ衣に。豆腐を使うときのように水きりをする必要がないので手軽です。

[材料] 作りやすい分量
厚揚げ(木綿)　1枚
にんじん　1/2本
ごぼう　1/2本
きゅうり　1本
さつま揚げ　1〜2枚
下煮用
だし汁　1カップ
酒　大さじ1
みりん　大さじ1
しょうゆ　大さじ1
白炒りごま　1/2カップ
米酢　大さじ1
メープルシロップまたは
煮きりみりん 大さじ2
しょうゆ　小さじ1

1　厚揚げは油抜きをしてから表面を包丁で薄くそぎ、表面の部分と白い部分に分ける(8ページ参照)。表面の部分は具に使い、白い部分はあえ衣に使うので別にしておく。

2　ごぼう、にんじんは洗って4cm長さの棒状に切り、1の厚揚げの表面の部分も同じ大きさに切る。

3　鍋に下煮用の酒とみりんを入れて火にかけて煮きり、しょうゆ、だし汁を加える。2を入れ、食感が残る程度に煮て下味をつける。冷めたら汁気を絞る。

4　きゅうり、さつま揚げは4cm長さの棒状に切る。

5　すり鉢にごまを入れて7割がたすり、1の厚揚げの白い部分を加えてすり混ぜる。酢、メープルシロップ、しょうゆを加えてさらにすり混ぜる。

6　5に3と4の具を加えてあえる。

厚揚げと高菜のおかか炒め

厚揚げは、切ったらペーパータオルにしばらくはさんで水気をとっておくと、べちゃっとした仕上がりになりません。高菜漬けの塩分を考えて味つけは控えめに。高菜漬けの代わりに野沢菜漬けやザーサイを使っても。

［材料］作りやすい分量
厚揚げ　1枚
高菜漬け　60〜70g
しょうが　1片
太白ごま油　大さじ2
削り節　2パック
しょうゆ　少々

1　厚揚げは縦半分に切ってから1cm厚さに切る。ペーパータオルにはさんでしばらくおいて水気をとる。
2　高菜漬けは細かく刻んで水気を絞る。しょうがはみじん切りにする。
3　中華鍋にごま油を熱してしょうがを炒め、香りが立ったら厚揚げを加えて混ぜ、高菜漬けを加えて炒め合わせる。
4　削り節を加えて炒め合わせ、鍋肌からしょうゆを加えて香ばしく仕上げる。

がんもどきのみそ焼き

みその焼けた風味、がんもどきの香ばしさが一緒になった、酒の肴にもってこいの、焼きがんも。みそによって味や塩分が違うので、量は好みで加減してください。

[材料]作りやすい分量
がんもどき　3枚
みそ　大さじ1くらい

1 焼き網を熱し、がんもどきをのせて両面をこんがりと焼く。
2 片面にみそをぬり、みそが焦げて香ばしくなるまで、さらに焼く。

豆腐

いろいろなタイプの豆腐が手に入る日本はまさに豆腐王国

子どもの頃、豆腐といえば毎日のようにお鍋を持って近所の豆腐屋さんに買いに行った記憶があります。豆腐を壊さないようにしずしずと歩いて帰ったものでした。大きなタイルの水槽の中で手のひらに受けた豆腐を平たい板のような豆腐用の包丁で切る豆腐屋さんの様子が今も目に焼き付いています。そうしたお豆腐屋さんが、希少ですが今も変わらずこの都会にもあるのはとてもうれしいことです。私はなるべく町の豆腐屋さんで買うようにしています。豆腐屋さんとのちょっとしたおしゃべりで心が和み、豆腐屋さんがある町はいいなと思います。

やわらかさがいろいろと選べる現代のお豆腐は便利ですね。ほろほろと口に入れるとくずれる豆腐から、水分が少ないしっかりとした豆腐までさまざまですので、料理によって選びましょう。生でいただくなら、やわらかめ、炒めたり揚げたりするなら、かためがおすすめです。普通の木綿豆腐や絹ごし豆腐を形をくずさずにしっかり水きりしたければ、きちんとさらしに包んで重しをします。厚みが半分くらいになればかなりしっかり水がきれていますので、炒めたり揚げたりが楽にできます。ほかに熱湯で軽くゆでる水きりの方法もあります。ともあれ、水きりをしたいなら、初めからしっかりしたタイプの豆腐を選ぶことが大切です。

数ある豆腐の中から豆の香りがふくいくと感じられる、本当においしいと思える豆腐を選び、生ならこれ、火を通すならこれ、とあれこれ食べ比べて自分好みの豆腐を探すのも楽しいものです。

安心でおいしく、いろいろなタイプの豆腐を簡単に手に入れられる日本はまさに豆腐王国。この幸せを大いに満喫して豆腐料理を楽しみましょう。

木綿豆腐、絹ごし豆腐

豆腐は大豆の加工食品、粉砕した大豆を煮てこした液体(豆乳)が原料。木綿豆腐は、豆乳ににがりを加え、木綿布を敷いた穴開きの箱型に入れ、重しをして水をきりながら固めたもの。油揚げ、厚揚げ、焼き豆腐などは一般に木綿豆腐から作られます。絹ごし豆腐は、豆乳とにがりを穴のない型に直接入れ、重しをしないで固めたもの。絹を使うわけではなく絹のようにキメが細かく、すべすべとした食感となめらかな口当たりから、絹ごしの名が。

豆腐の水きり

軽く水きりする

バットにペーパータオルを敷いて豆腐をのせ、自然に出る水気を除く程度に水きりします。料理に応じて、半分または適当な大きさに切ってから水きりしても。冷や奴や麻婆《マーボー》豆腐などに。

ゆでて水きりする

鍋に湯を沸かし、豆腐を入れ、ゆらゆらとする程度の火加減で数分ゆでます。ゆでることによって余分な水分が抜け、水きりができます。時間のないときにもおすすめです。ゆでてから軽く水きり(上記)をしても。温奴、豆腐クリームなどに。

しっかりと水きりする

角ザルを重ねたバットに、さらしで包んだ豆腐を置き、その上にバットをのせ、1時間以上冷蔵庫に入れておきます。均一に重みがかかるように、重しはバットなど豆腐より大きく平らなものをのせること。炒めものなどに使います。一晩おくと厚みが半分程度になり、落とし豆腐、白あえの衣などに最適になります。

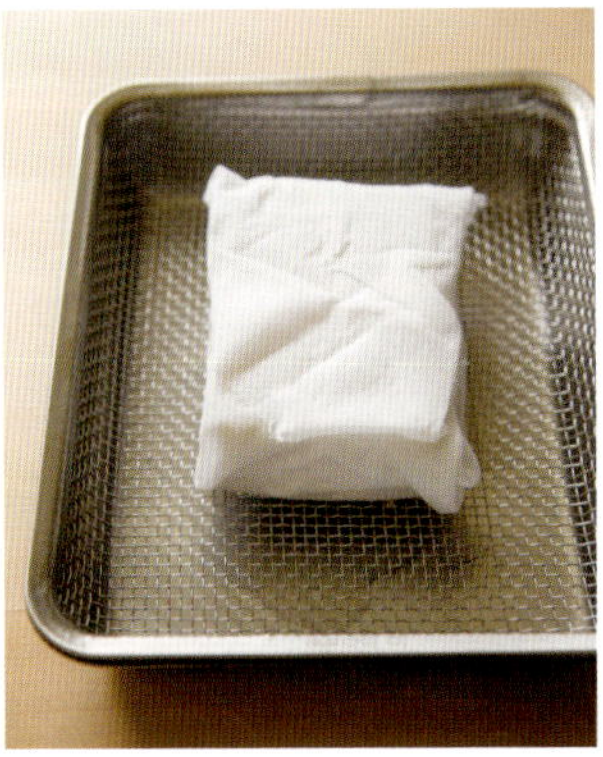

こんな豆腐も便利

かちかち豆腐、島豆腐は、かた豆腐の仲間。かた豆腐は水を少なめにして作った豆乳を、木綿豆腐の作り方で凝固、成形し、重い重しで押し固めたもの。水きり豆腐やざる豆腐はしっかりと水きりしたもの。いずれもずっしりと重く、風味も濃厚。炒めものや揚げもの、豆腐ステーキなどに水きりせずに使えます。

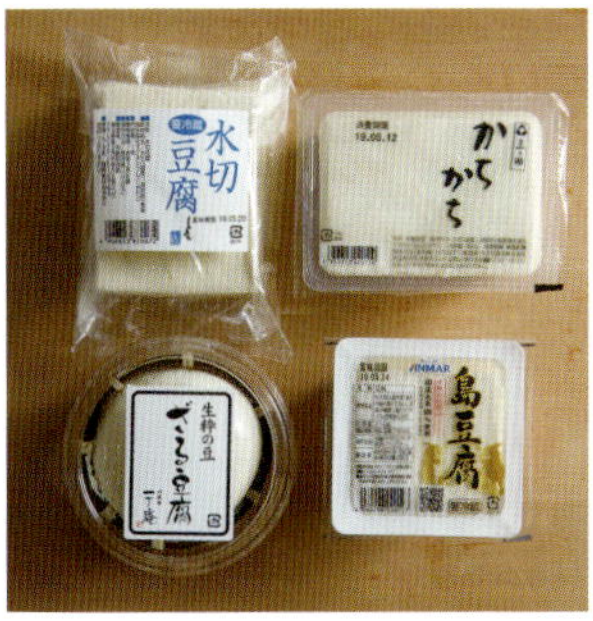

中華風冷や奴とくずし奴

豆腐、ピータン、しょうが、長ねぎ。同じ材料を使って2種類の冷や奴を作ります。冷や奴はしょうゆ味で、酢と豆板醤でキリッとした味わいに。くずし奴は塩味で、玉締め搾りごま油と香菜の香りを生かします。

［材料］作りやすい分量

中華風冷や奴
- 木綿豆腐　1丁
- ピータン　1個
- しょうが　2片
- 長ねぎ　適量
- しょうゆ　適量
- 米酢　少々
- ごま油（玉締め搾り）　少々
- 豆板醤　少々

中華風くずし奴
- 木綿豆腐　1丁
- ピータン　1個
- しょうが　2片
- 長ねぎ　適量
- 塩　適量
- ごま油（玉締め搾り）　適量
- 香菜　適量

1　中華風冷や奴を作る。豆腐は軽く水きりし（54ページ参照）、2〜4等分に切る。

2　ピータンはくし形に切る。しょうが、長ねぎはみじん切りにする。

3　器に豆腐を盛って**2**をのせ、しょうゆ、酢、ごま油、豆板醤を混ぜ合わせてかける。

4　中華風くずし奴を作る。豆腐はよく水きりする（55ページ参照）。ピータンは角切りにし、しょうがはみじん切り、長ねぎは5㎜〜1㎝四方に切る。

5　バットに豆腐を入れてくずし、しょうが、ピータン、長ねぎをのせ、ごま油を回しかけ、塩をふる。

6　器に盛り、香菜をのせる。

小鍋立ての湯豆腐

長ねぎ、削り節、しょうゆ、七味唐辛子で作る自家製だれがおいしさの秘訣。

たれも土鍋の中に入れて熱々にして、好みで、すだちやかぼすを添えても。

なめらかな舌ざわりの絹ごし、豆腐の味をより感じる木綿、両方入れて豆腐の世界を楽しみます。

［材料］1〜2人分
絹ごし豆腐　½丁
木綿豆腐　½丁（絹ごし、木綿のどちらか1丁でも可）
たれ
長ねぎ　½本
削り節　1パック
しょうゆ　大さじ3
七味唐辛子（好みで）　少々
だし汁　適量

1　豆腐は食べやすい大きさに切る。
2　たれを作る。長ねぎはみじん切りにして、小さい器に入れる。削り節、しょうゆ、七味唐辛子を加えて混ぜる。
3　土鍋にだし汁を入れ、2を土鍋の真ん中に置いて火にかけ、豆腐を入れて煮る。
4　温まったものから順に各自の器にとり、たれをかけていただく。

豆腐の素揚げ

しっかりと水きりをした木綿豆腐だからこそできる、豆腐の揚げもの。粉類を一切つけずにきつね色に揚げると、手作りの厚揚げといったところ。揚げたて熱々に塩をふっていただくと最高です。好みで粉山椒をふっても。

[材料] 作りやすい分量
木綿豆腐　1丁
揚げ油(オリーブオイル)　適量
塩　少々

1　豆腐はさらしに包んでしっかりと水きりし(55ページ参照)、手で6〜7等分にちぎり、ペーパータオルの上にのせてさらに水気をきる。
2　揚げ油を中温に熱し、1の豆腐を静かに入れ、あまり触らないようにしてきつね色になるまで揚げる。
3　角ザルを重ねたバットにとり、油をきる。
4　器に盛り、塩を添える。

春野菜と豆腐クリーム

46ページでは厚揚げで作る白あえを紹介しましたが、絹ごし豆腐で作ると、口当たりのやさしい、なめらかなあえ衣ができます。それが豆腐クリーム。ここでは野菜をあえずに盛りつけました。ディップのように野菜につけて食べます。

［材料］作りやすい分量
うど　1本
グリーンアスパラガス　2束
豆腐クリーム
　絹ごし豆腐　1/2丁
　白練りごま　大さじ1強
　米酢　少々
　塩　少々
　しょうゆ　少々
　砂糖またはメープルシロップ　少々

1　うどは皮を厚めにむき、4〜5cm長さの厚めの短冊切りにする。水1カップに片栗粉大さじ3(材料外)を溶かしてうどを入れ、アクを抜く。こうすると、うどがより白く仕上がる。20分ほどつけたら、洗って水気をきる。

2　アスパラガスは根元に近い部分の皮をピーラーでむき、塩少々(材料外)を加えた熱湯で色よくゆで、ザルに上げて水気をきる。食べやすい長さに切る。

3　豆腐クリームを作る。鍋に湯を沸かし、豆腐を入れて2分ほど静かにゆで、水きりする(54ページ参照)。角ザルにのせて、そのまま30分ほどおいて自然に水きりする。

4　3を手で適当な大きさに割ってすり鉢に入れ、すりこ木でする。白練りごまを加えてさらにすり、酢、塩、しょうゆ、砂糖を加えてすり混ぜる。

5　器に野菜と豆腐クリームを盛り合わせる。

温奴の肉みそがけ

ひき肉はしっかりと炒め、香ばしくなったら調味料を加え、
汁気がなくなるまでよく炒めるのがポイント。
時間のあるときに作っておき、冷めたものを熱々の豆腐にかけても。
豆腐はゆでても、蒸してもおいしい。

［材料］作りやすい分量
木綿豆腐　1丁
肉みそ
豚ひき肉　150g
しょうが　1片
長ねぎ　1/2本
太白ごま油　適量
酒　1/2カップ
みりん　小さじ2
みそ　大さじ2
しょうゆ　少々
あさつきの小口切り　適量

1　肉みそを作る。しょうが、長ねぎはみじん切りにする。鍋にごま油を熱してしょうがを炒め、香りが立ったら、ひき肉を入れてしっかりと炒める。

2　酒、みりんを加えて煮立て、みそ、しょうゆを加えて味を調え、長ねぎを加えて混ぜる。

3　豆腐は煮立てないようにゆでて中まで熱々にし、形をくずさないようにとり出し(54ページ参照)、ペーパータオルの上で水気をとり、6～8等分の奴に切る。

4　器に豆腐を盛り、肉みそをかけ、あさつきをのせる。

豆腐のたらこソース

だし汁の中で火を通してとろみをつけたたらこソースは、やさしい味わいで絹ごし豆腐との相性も抜群です。たらこをだし汁に加えたら、手早く混ぜてほぐすのがポイント。泡立て器を使うときれいにほぐれます。

[材料]作りやすい分量
絹ごし豆腐　1丁
たらこソース
甘塩たらこ　大½腹
だし汁　½カップ
酒　小さじ2
片栗粉　小さじ1½
三つ葉　適量

1　豆腐は温湯に入れて温め、ペーパータオルの上にとり、水気をとる。

2　たらこソースを作る。たらこは薄皮をとり除く。片栗粉は水大さじ2で溶いておく。鍋にだし汁とたらこを入れて火にかけ、泡立て器などを使ってほぐすようにかき混ぜる。

3　酒を加え、煮立ったら味をみて、薄いようなら塩少々(材料外)で調える。

4　水溶き片栗粉を加えてよく混ぜ、ゆるいとろみをつける。

5　1の豆腐を形をくずさないように器に移し、周囲に出た水分はペーパータオルでとる。縦半分に切って2cm幅に切り分ける。たらこソースをかけ、三つ葉をのせる。

炒り豆腐

くずした豆腐を炒り煮にした、簡単に作れるおいしいおかず。削り節を加えてうまみをアップし、卵を混ぜて仕上げます。

あらかじめ豆腐はしっかりと水きりしておくと、味がからみやすくなります。

［材料］作りやすい分量
木綿豆腐　1丁
太白ごま油　大さじ1½
削り節　1パック
だし汁　大さじ1
しょうゆ　大さじ1強
卵　1個

1　豆腐はさらしに包んで絞り、ほどよく水きりする（55ページ参照）。卵は割りほぐす。
2　だし汁としょうゆは合わせておく。
3　鍋にごま油を熱し、豆腐を入れてくずし、十分に熱くなったら削り節を入れてざっと混ぜ、2を加えて味をつける。
4　溶き卵を回し入れ、豆腐にからめるようにしながら火を通す。

豆腐と桜えび、ザーサイ炒め

桜えびのうまみとザーサイの塩気でいただく、シンプルな炒めもの。しょうが、桜えび、豆板醤をそれぞれよく炒めて香りを出すのがおいしさの秘訣。豆板醤の量はザーサイの辛さによって加減してください。

［材料］作りやすい分量
かた豆腐（55ページ参照。またはしっかりと水きりした木綿豆腐）　1丁
桜えび　20g
ザーサイ（かたまり）　½個
しょうが　大1片
太白ごま油　小さじ2
豆板醤　少々

1　豆腐は横半分に切り、5mm〜1cm角の棒状に切り、ペーパータオルの上にのせておく。ザーサイは水につけてほどよく塩気を抜き、細切りにする。しょうがはみじん切りにする。
2　中華鍋を熱してごま油を入れ、しょうがを炒め、香りが立ったら桜えびと豆板醤を加えてさらに炒める。
3　豆腐を入れて炒め合わせ、ザーサイを加えて混ぜる。

豆腐とひき肉の山椒炒め

ひき肉はカリカリになるまでしっかり炒めたい、豆腐も焼き色がつくまでじっくりと炒めたい。だから、別々に炒めてから合わせます。しょうゆの香ばしさと山椒のしびれるような辛さでいただきます。

［材料］作りやすい分量
かた豆腐（55ページ参照。またはしっかりと水きりした木綿豆腐）　1丁
豚ひき肉　150g
にんにく　1片
太白ごま油　大さじ2強
酒　大さじ2
みそ　小さじ2
しょうゆ　適量
粉山椒　適量
あさつき　適量

1　豆腐は1cm角に切り、にんにくはみじん切りにする。あさつきはざく切りにする。
2　中華鍋を熱してごま油大さじ1強とひき肉を入れ、香ばしくなるまでしっかりと炒める。酒を加え、みそと、しょうゆ大さじ1を入れて味をつけ、いったんとり出す。
3　2の中華鍋にごま油大さじ1とにんにくを入れて火にかけ、にんにくの香りが立ったら豆腐を加え、色づくまで炒める。
4　3にひき肉を戻し入れ、鍋肌から香りづけにしょうゆ少々を加えて、炒め合わせる。
5　粉山椒をたっぷりめにふり入れて混ぜ、仕上げにあさつきを加えて混ぜる。

揚げ出し豆腐

豆腐に小麦粉をたっぷりとつけて揚げるのがポイント。豆腐がかぶるくらいの揚げ油で揚げます。一つずつ揚げたほうが上手に揚がります。熱々のうちに食べてください。

［材料］2人分
木綿または絹ごし豆腐　1丁
薄力粉　適量
揚げ油（オリーブオイルまたは太白ごま油）適量
めんつゆ（43ページ参照）　適量
大根おろし　1/2カップ
青じそのせん切り　5枚分

1　豆腐はしっかりと水きりし（55ページ参照）、半分に切る。
2　バットに薄力粉を入れ、1の豆腐を入れて上からも薄力粉をかけ、たっぷりとまぶしつける。
3　揚げ油を中温に熱し、2の豆腐を静かに入れる。豆腐は返さずに上から熱い油をかけながら表面がきつね色になるまで揚げる。網を敷いたバットにとり、油をきる。
4　めんつゆは温める。
5　器に熱々の豆腐を盛り、温かいめんつゆをかけ、水気をきった大根おろしと青じそをのせる。

豆腐の落とし揚げ

えびと枝豆を入れた、ちょっぴり贅沢な一品。豆腐は厚みが半分になるまでしっかりと水きりしておくとまとめやすくなります。表面は香ばしく、中はしっとり。揚げたてをいただくのがおいしい。

［材料］作りやすい分量
木綿豆腐　1丁
えび（殻つき・無頭）　6尾
枝豆（ゆでてさやから出したもの）　1/2カップ
卵白　1/3個分
薄力粉　小さじ1〜2
揚げ油（太白ごま油またはオリーブオイル）　適量
練りがらし、しょうゆ　各適量

1　豆腐はさらしに包み、厚みが半分くらいになるまでしっかりと水きりする（55ページ参照）。豆腐の水きりが不十分だとまとめるときに薄力粉を多く使ってしまい、味が落ちるので注意。

2　えびは殻と尾、背ワタをとり、1cm幅に切る。

3　1の豆腐を適当な大きさにちぎってすり鉢に入れ、すりこ木でする。途中で卵白を加え、薄力粉を様子をみながら足していき、丸くまとまるくらいのかたさにする。

4　えび、枝豆を加え、薄力粉をつけた手で小さめの丸形にまとめ、さらに空気を抜くように手のひらにたたきつけてまとめる。薄力粉を敷いたバットに並べていく。

5　揚げ油を中温に熱し、4を入れ、両面がきつね色になるまで揚げる。

6　器に盛り、練り辛子としょうゆを添える。

こんにゃく
しらたき

きちんとした下ごしらえと調理で、食感を楽しめるおいしい料理に

私の大好物の一つがこんにゃくやしらたきです。エッとよく驚かれますが、独特の歯ごたえがなんともおいしく感じられます。そのままでは食べられないものですが、きちんとした下ごしらえと調理で、食感を楽しめるおいしい料理になります。

原料はこんにゃく芋。この芋からこのような食材を作り出すことをよく考えたと、その知恵に感心します。市販のこんにゃくには、生芋を固めたものと粉末（精粉）を固めたものがあります。味は当然、生芋こんにゃくのほうがおいしい。寒天に棒寒天と粉寒天があり、棒寒天のように原材料に近いもののほうがおいしいのと同じですね。水分を抜いていく作業をするとわかりますが、粉末こんにゃくで作られたこんにゃくは驚くほど小さくなってしまい、歯ごたえもゆるい感じです。

こんにゃくには独特のにおいがあるので、必ず水からゆでてさらし、においやアクをとって使います。そして、プリプリなので味がしみにくい。そこで、表面に細かくかのこの切り目を入れたり、引きちぎるようにして表面積を大きくしたりして、下ごしらえに工夫をします。その最たるものは、82ページにあるわが家で通称「ボロぞうきん」と呼んでいる料理。棒でこれでもかというほどボロボロになるまで、たたき続けたものを、ごま油でこれまたチリチリになるまで炒め、しょうゆをたらり、という料理。水分が抜けきったところにしょうゆが一瞬で染み込み、素晴らしい食感で、このおいしさは表現できません。いっぱい食べたいけれど、たたくのにかなり体力を消耗する料理なので、そうたくさんは作れません。材料がこんにゃくだけとは、ほとんどの方がわからないのも面白い。

こんにゃくもしらたきもいかにして味を入れるかがポイントです。しらたきはスルスルッとした食感を楽しむ場合には必要ありませんが、こちらもこんにゃく同様チリチリになるまで水分を飛ばしてしょうゆをたらり、そこに黒七味をふるのが私の好みです。

たかがこんにゃく、されどこんにゃく、です。

こんにゃく、しらたき

こんにゃく芋といわれる球茎が原料。芋の主成分のコンニャクマンナン（食物繊維）が、石灰などのアルカリ性のもので固まる性質を利用して作られます。生芋こんにゃくのほか、芋を乾燥させた精粉で作られるこんにゃくが多く出回っています。一般にこんにゃくといわれているのは、板こんにゃくのこと。生芋で作られたこんにゃくは、芋の皮が入るため黒っぽくなり、精粉が使われると白くなります。海藻で黒っぽく色をつけているものもあります。また、細いひも状のこんにゃくを、しらたきや糸こんにゃくといい、かつては製法や地域によって差異が見られましたが、昨今はほとんど同じものをさしていることが多いようです。

こんにゃくの下ゆで

鍋に湯を沸かし、こんにゃくを入れ、クツクツとする火加減で10分ほどゆで、ゆで汁をきってとり出し、角ザルにのせて水気をきります。ゆでることによってこんにゃく独特の臭みが抜け、味も入りやすくなります。

こんにゃくの切り方いろいろ

ごく薄切り

2～3㎜厚さに切ります。刺し身こんにゃくに。

色紙切り

ごくごく薄切りにしてから正方形に切ります。汁もの、あえものに。

短冊切り

薄切りにしてから短冊形に切ります。あえもの、汁ものなどに。

しらたきの下ゆで

鍋に湯を沸かし、しらたきを入れ、クツクツとする火加減で5～6分ゆでます。ゆで汁をきってとり出し、ザルに上げて水気をきり、キッチンばさみで食べやすい長さに切ります。ゆでることによって独特の臭みが抜け、歯ざわりがよくなります。

棒状

食べやすい長さの棒状に切ります。短冊切りや薄切りより存在感があり、炒め煮などに。

たたきこんにゃく

下ゆでしたこんにゃくをまな板の上にのせて布巾をかけ、たまに布巾をはずして様子をみながら、すりこ木でたたいて切ります。味がしみ込みやすくなるので、煮ものや炒め煮に向きます。

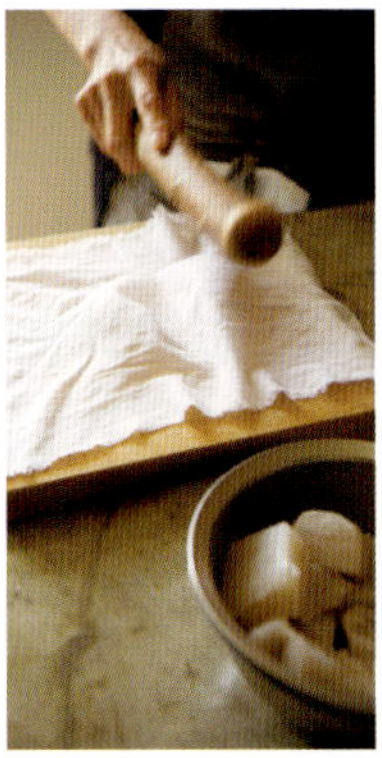

手綱《たづな》こんにゃく

下ゆでしたこんにゃくを7〜8㎜厚さの短冊に切って真ん中に切り目を入れ、端の一方を切り目に通して引きます。これで手綱の形に。お正月の煮しめに欠かせません。

かのこ切り

下ゆでしたこんにゃくに斜め格子状になるように細かい切り目を入れます。これがかのこ切り。上面と下面の両面をかのこ切りにしてから、食べやすい大きさの角切りにします。味がなじみやすくなるので、煮もの、炒め煮などに。

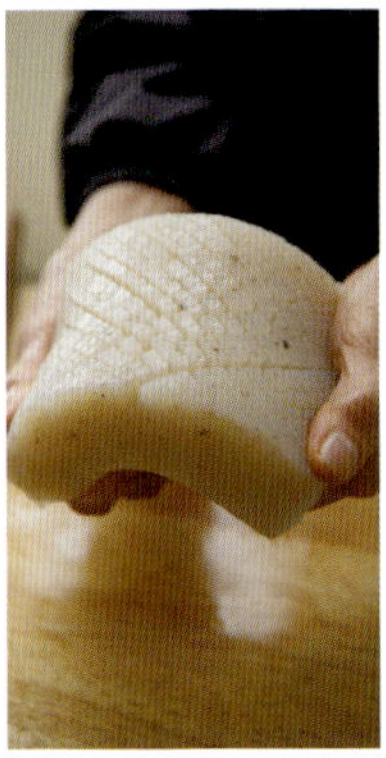

こんなこんにゃくも

バタ練り玉こんにゃく(右上)は、昔ながらのバタ練り機を使って作られたこんにゃくで、気泡を含むので粘りと弾力があるのが特徴。玉こんにゃく(右下)は、直径3〜4㎝の球状のこんにゃくで、煮ものなどによく使われます。生玉づくりこんにゃく(左)は、生芋こんにゃくが原料。つなぎを一切使わずに作る大きく丸いこんにゃくで、ゆでて田楽にしても、ちぎって煮ものにしてもおいしく食べられます。

たたきこんにゃくのチリチリ

これでもかというくらいしっかりたたいて、わが家では〝ボロぞうきん〟の異名がついている炒め煮。見た目はまるで牛肉のようですが、私にとっては牛肉以上のごちそうです。こんにゃくは、こんにゃく芋から作られた、かたくしまったものを使います。

［材料］作りやすい分量
こんにゃく　1枚
太白ごま油　大さじ1〜1½
酒　大さじ2
しょうゆまたは薬膳ソース＊大さじ2

＊薬膳ソース……ローリエ、タイム、八角、クローブ、ウコン、桂皮などのスパイスが入った中濃ソース。インターネットなどで購入可能。

1　こんにゃくは下ゆでして水気をきり(80ページ参照)、まな板の上にのせて、水が飛びちらないよう、さらしの布巾をかけ、すりこ木でしっかりとたたく。たまに布巾をはずして様子をみる。

2　水分が出てボロボロになったら布巾をとり、さらにたたいて、食べやすい大きさにたたき切る。

3　鍋にごま油を熱して2のこんにゃくを入れ、少し焼き色がつき、チリチリになるまで水分を飛ばしながらよく炒める。

4　酒としょうゆを加え、汁気がなくなるまで弱火で煮て、味をなじませる。

鶏肉とこんにゃく、ごぼうの炒め煮

鶏肉、こんにゃく、ごぼうを油で炒めてうまみを引き出し、一緒に煮ることで鶏肉とごぼうのうまみがこんにゃくにじんわりとしみ込みます。炒めて煮る、という調理法だからこそのおいしさです。

［材料］作りやすい分量
鶏もも肉　1枚
こんにゃく　大1枚
ごぼう　1本
太白ごま油　適量
酒　1/3〜1/2カップ
みりん　大さじ2〜3
だし汁　適量
しょうゆ　大さじ3〜4
木の芽または七味唐辛子　適量

1 鶏肉は一口大に切る。こんにゃくは下ゆでして水気をきり、すりこ木でたたいて一口大にたたき切る（80、81ページ参照）。ごぼうは洗って乱切りにし、酢水（材料外）にさらし、水気をきる。

2 鍋にごま油を熱して鶏肉を炒め、こんにゃくを加えて強火でしっかり炒めてから、ごぼうを加えて炒め合わせる。

3 酒とみりんを加え、煮立ててアルコール分を飛ばし、だし汁をひたひたに注ぎ入れる。

4 しょうゆを加え、煮立ったらアクをとり除き、落としぶたをして弱火で汁気が少なくなるまでコトコトと煮る。味をみてしょうゆ（分量外）で調える。

5 器に盛り、木の芽をのせる。

手綱こんにゃく、牛肉、しいたけのしょうゆ煮

コトコト煮込むだけだから、手間なし、失敗なし。
煮汁につけたままおいて味をなじませるのがポイント。
火を止めて冷めていく時間が、おいしさを作ります。

［材料］作りやすい分量
こんにゃく　2枚
牛肉（シチュー用）　600g
干ししいたけ　6〜7枚
昆布　15cmくらい
酒　½カップ
みりん　¼カップ
しょうゆ　½カップくらい

1　干ししいたけは充分にもどして軸を切る。こんにゃくは下ゆでして水気をきり、手綱こんにゃくにする（80、81ページ参照）。

2　鍋に牛肉、しいたけ、こんにゃくを入れ、水をひたひたに注いで昆布を入れる。強火にかけ、煮立ったら火を弱め、酒とみりんを入れて1時間30分〜2時間煮る。途中でアクをていねいにすくいとる。

3　牛肉が少しやわらかくなったらしょうゆ⅓カップを加える。途中、残りのしょうゆを味をみながら足し、1時間ほど煮る。

4　火を止め、煮汁に浸したまま冷まし、味をなじませる。食べるときに再び火にかけて温める。

こんにゃくの田楽

八丁みそとみりんだけで作る田楽みそは、色は濃いですがコクがあってすっきりとした味わい。
こんにゃくのおいしさをダイレクトに楽しめます。甘めにしたいときは、みりんの量を多めに。

[材料] 作りやすい分量
こんにゃく(好みのもの＊) 適量
田楽みそ
─八丁みそ、みりん 同量
白炒りごま 少々
＊ここでは生玉づくりこんにゃく(81ページ参照)を使用。

1 こんにゃくは下ゆでして水気をきり(80ページ参照)、1～1.5㎝厚さの食べやすい大きさに切って竹串を刺す。
2 田楽みそを作る。鍋に八丁みそを入れ、みりんを加えて溶きのばす。火にかけて、ぽってりとするまで練る。
3 1を土鍋に入れて水をひたひたに加え、こんにゃくが熱々になるまで火にかける。各自の器にとり、田楽みそをぬり、ごまをふって食べる。

刺し身こんにゃく

こんにゃく芋から作られた生芋こんにゃくは水っぽくないので、薄切りにしてお刺し身風に食べるのも美味。もみじおろしとあさつきをのせて箸で巻き、ポン酢じょうゆをつけていただきます。

[材料] 作りやすい分量
生芋こんにゃく、豆腐こんにゃく
　各適量（どちらか1種類でも可）
もみじおろし
　大根　5cm
　赤唐辛子　1本
あさつきの小口切り　適量
ポン酢じょうゆ　適量

1 もみじおろしを作る。大根は皮をむき、真ん中に菜箸などで穴を開け、赤唐辛子を差し込み、すりおろす。ザルに入れて水気をきる。

2 こんにゃくは下ゆでして水気をきり（80ページ参照）、豆腐こんにゃくはよく洗って水気をきる。食べる直前まで冷やし、ごくごく薄く切る。

3 器に少しずつずらして盛りつけ、もみじおろし、あさつき、ポン酢じょうゆを添える。

豆腐こんにゃくは、豆乳を練り込んだ変わり種のこんにゃく。見た目と味は豆腐に近く、食感はこんにゃく。

たぬき汁

こんにゃくを具にしたみそ汁が、たぬき汁。ここでは、うまみの強い豚肉を入れ、太白ごま油で炒めてコクを出します。みそもそれに合わせて、風味のしっかりとしたもの、濃いめのものがよく合います。具には、大根やごぼうを加えても。

［材料］作りやすい分量
こんにゃく　1枚
豚薄切り肉　150g
太白ごま油　大さじ1
みそ　大さじ3〜4
わけぎまたは長ねぎ　適量
七味唐辛子　適量

1　こんにゃくは下ゆでして水気をきり（80ページ参照）、ごく薄い色紙切りにする。豚肉は一口大に切る。わけぎは細切りまたは小口切りにし、氷水に放してシャキッとさせる。

2　鍋にごま油を熱して豚肉を炒め、色が変わったら、こんにゃくを加えてよく炒める。

3　水4カップを注ぎ入れ、豚肉のだしが出るまで、10〜15分煮る。アクをとり、みそを溶き入れて火を止める。

4　器に盛り、わけぎをのせて七味唐辛子をふる。

玉こんにゃくの煮もの

生芋こんにゃくで作られた玉こんにゃくは弾力があって、中まで味をしみ込ませるには時間がかかります。表面にしっかりと味をつけ、長ねぎの小口切りをたっぷりとからめることで、パンチのある味に仕上がります。

［材料］作りやすい分量
生芋玉こんにゃく（大きいもの＊）12〜13個
酒　½カップ
しょうゆ　¼カップ
長ねぎ　½本
七味唐辛子　適量
＊ここではバタ練り玉こんにゃく（81ページ参照）を使用。

1　玉こんにゃくは下ゆでし、水気をしっかりときる（80ページ参照）。長ねぎは小口切りにする。

2　鍋に玉こんにゃくと酒を入れて火にかけ、煮立ったらしょうゆを加え、煮汁をからめるようにして汁気がなくなるまで煮る。

3　火を止めてから、七味唐辛子をふり、長ねぎを加えて混ぜる。

ひもかわこんにゃくの黒みつがけ

ひもかわこんにゃくは、くず切りのようなこんにゃく。
ポン酢じょうゆや辛子酢じょうゆでいただくほか、濃厚なタイプの黒みつも合います。

［材料］作りやすい分量
ひもかわこんにゃく　½袋
黒みつ　適量

1　ひもかわこんにゃくはしっかりと下ゆでして氷水にさらし、ザルに上げて水気をきる。
2　器に盛り、黒みつをかける。

珍しいひもかわこんにゃくは、群馬・桐生の名物ひもかわうどんを細くしたような形状のこんにゃく。ツルツルッとしているのが特徴。

牛肉としらたきの山椒煮

83ページのこんにゃくと同様、しらたきがチリチリになるまで水分を飛ばすのが最大のポイント。心もち薄味に作り、次の日にしょうゆを足して濃い味に煮直せば、常備菜やお弁当のおかずになります。

1 しらたきは下ゆでして水気をきり、食べやすい長さに切る(80ページ参照)。
2 鍋にごま油を熱して1を入れ、しらたきの水分を飛ばしながら、表面がチリチリになるまでよく炒める。
3 酒、みりんを加え、煮立ててアルコール分を飛ばし、しょうゆを加える。
4 牛肉を広げてのせ、実山椒を散らし、煮汁を煮つめながら味をからめる。汁気がほんの少し残る程度まで煮る。

[材料] 作りやすい分量
牛薄切り肉(切り落とし) 250~300g
しらたき 1袋(350g)
実山椒または実山椒のつくだ煮 大さじ2
太白ごま油 大さじ2
酒 ½カップ
みりん 大さじ2
しょうゆ 大さじ3~3½

有元葉子　Yoko Arimoto

素材の持ち味を生かし、余分なものを入れない引き算の料理が人気。自分が本当によいと思える食材と調味料を使い、心と体が納得するシンプルなおいしさを追求。東京・田園調布で料理教室「COOKING CLASS」を主宰し、自由な発想でレッスンを行う。料理教室と同じ建物にある「SHOP281」では、毎日の料理作りに欠かせない、まっとうでおいしい調味料や油がそろう。『有元葉子のご飯料理』『有元葉子 のり、わかめ、ひじき、昆布、もずく』『有元葉子の365日の献立 材料別おかず事典』（すべて家の光協会）など著書多数。

www.arimotoyoko.com

ブックデザイン　若山嘉代子 L'espace

撮影　竹内章雄

スタイリング　千葉美枝子

編集　松原京子

校正　安久都淳子

ＤＴＰ製作　天龍社

有元葉子の和の食材

油揚げ、豆腐、こんにゃく

２０１９年10月1日　第1版発行

著者　有元葉子

発行者　関口 聡

発行所　一般社団法人 家の光協会

〒１６２-８４４８　東京都新宿区市谷船河原町11

電話 ０３-３２６６-９０２９（販売）

０３-３２６６-９０２８（編集）

振替　００１５０-１-４７２４

印刷・製本　図書印刷株式会社

ISBN978-4-259-56627-2 C0077